W0346888

IM FLUG ÜBER

deutsch | englisch

# SACHSEN

## IN FLIGHT OVER SAXONY

Jochen Knobloch | Joachim Walther

Translation: Margaret Will

HINSTORFF

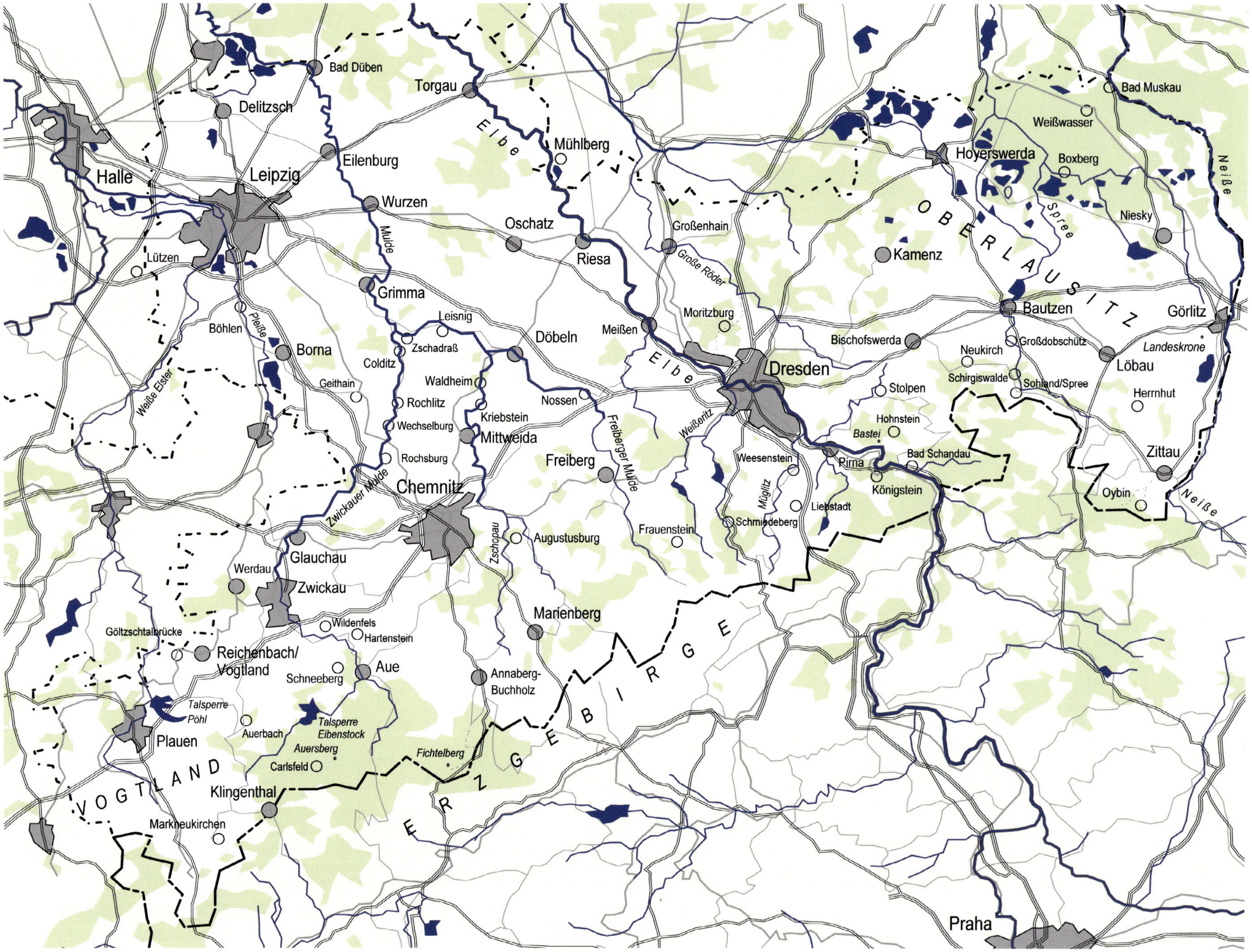
Bad Düben
Torgau
Delitzsch
Halle
Leipzig
Eilenburg
Mühlberg
Elbe
Wurzen
Oschatz
Riesa
Großenhain
Mulde
Lützen
Grimma
Große Röder
Moritzburg
Leisnig
Böhlen
Pleiße
Borna
Zschadraß
Döbeln
Meißen
Colditz
Geithain
Waldheim
Rochlitz
Wechselburg
Kriebstein
Nossen
Weiße Elster
Mittweida
Freiberg
Freiberger Mulde
Rochsburg
Chemnitz
Zwickauer Mulde
Augustusburg
Zschopau
Frauenstein
Glauchau
Werdau
Zwickau
Wildenfels
Hartenstein
Marienberg
Göltzschtalbrücke
Reichenbach/
Vogtland
Schneeberg
Aue
Annaberg-
Buchholz
Talsperre
Pöhl
Auerbach
Talsperre
Eibenstock
Auersberg
Plauen
Carlsfeld
Fichtelberg
VOGTLAND
Klingenthal
Markneukirchen
ERZGEBIRGE
Dresden
Weißeritz
Weesenstein
Müglitz
Schmiedeberg
Liebstadt
Pirna
Königstein
Bastei
Hohnstein
Bad Schandau
Stolpen
Bischofswerda
Kamenz
Hoyerswerda
Bad Muskau
Weißwasser
Boxberg
Spree
Niesky
Neiße
OBERLAUSITZ
Bautzen
Görlitz
Neukirch
Großdobschütz
Landeskrone
Löbau
Schirgiswalde
Sohland/Spree
Herrnhut
Zittau
Oybin
Praha

# SÄCHSISCHES NATURELL

Angesichts der himmlischen Luftbilder bin ich versucht, Johann Sebastian Bachs Kantate anzustimmen, die da heißt: *Preise dein Glück, gesegnetes Sachsen!* Natürlich war Sachsen nicht immer im Glück. Und auch die Sachsen waren nicht immer glücklich mit ihrer Heimat. Der fliegende Fotograf Jochen Knobloch, in Dresden geboren, verließ mit 18 Jahren Sachsen, mit 42 die DDR und lebt heute, wie er selber sagt, als bekennender Sachse in Hamburg, an dem Fluss, der den Stadtstaat im Norden mit der Landeshauptstadt des Freistaates im Süden verbindet. Auch ich verließ mit 18 nahezu fluchtartig meine Geburtsstadt Chemnitz, weil mir die hartleibige und dumpfe DDR dort noch hartleibiger und dumpfer erschien.

Und dennoch blieben die Spuren meiner sächsischen Kindheit in mir, die bei einem Déjà-vu wie Sporen aufgingen. Da war und ist das satte Aroma der Fichten- und Tannenwälder, das eben intensiver ist als das der lichten Kiefern Brandenburgs. Der weite Blick von Hügelkuppen übers sanft gewellte Vorland des Erzgebirges auf die schiefergedeckten Dächer der Dörfer, die zu schlafen schienen, obwohl in ihnen doch sächsische Geschäftigkeit scharwerkte. In den ärmlichen Nachkriegsjahren der feierliche Aufwand, der beim vorweihnachtlichen Stollenbacken betrieben wurde. Das Ährenstoppeln, die Brennnesselsuppe,

# SAXON TEMPERAMENT

Looking at these heavenly aerial photographs I am tempted to strike up Johann Sebastian Bach's cantata with the lines *Praise your good fortune, blessed Saxony!* Of course fortune did not always smile upon Saxony, and the Saxons have not always been happy with their homeland. The "flying" photographer Jochen Knobloch, born in Dresden, left Saxony at the age of 18 and the German Democratic Republic at the age of 42; he now lives in Hamburg – where he admits to being a Saxon – on the river connecting that city-state in the north with the capital of the Free State of Saxony in the south. I too left – practically fled – the city of my birth, Chemnitz, at the age of 18 because the immovable and stifling GDR seemed particularly immovable and stifling there.

Nevertheless, traces of my Saxon childhood remained within me, and in a deja-vu situation they spilled out like spores. There was and is the rich aroma of the spruce and fir forests, which is simply more intensive than that of the thin pinewoods of Brandenburg. The sweeping view from rounded hilltops over the softly rolling forelands of the Ore Mountains onto the slate-covered roofs of villages that appeared to be sleeping, although in fact they were bustling with Saxon assiduity. In the lean years after the war the festive efforts devoted to baking stollen in the pre-Christmas season. Gleaning the fields, nettle soup,

die gerösteten Kartoffelschalen, um satt zu werden. Augustusburg, Harrasfelsen, Burg Kriebstein: die Wanderungen dorthin als Kind mit Lederhose und Seppelhut. Als Halbwüchsiger das Nacktbaden in der noch sauberen Zschopau. In pubertärer Aufbruchszeit die Entdeckung der Bilder Schmidt-Rottluffs im heimatlichen Museum: eine Erweckung. Selbst die Sprache, die tunlich eiligst abzulegen angeraten war im nicht eben sachsenliebenden Ostberlin, traf bei mir stets auf ein mild gestimmtes Ohr, da in ihr enorm viel aufbewahrt ist: erfahrene Geschichte, gelebter Alltag, das abgesunkene Wissen von Generationen, Charakter, Temperament, Gemüts- und Wesenart, kurz: das ganz besondere sächsische Naturell. Übersetzt man „Naturell" mit „menschlicher Naturanlage" oder „natürlicher Gemütsart", so wird klar, dass es zwischen Landschaft und Klima, also der Natur und den in ihr lebenden Menschen, eine Beziehung gibt, und zwar eine tief prägende.

Da sind die großzügigen und friedlichen Flächen der nordwestsächsischen Tiefebene, die allerdings seit alters her auch eine ideale Landschaft für große Truppenaufmärsche, Schlachten und nachfolgende Friedensschlüsse war, so bei Mühlberg, Lützen, Torgau, Breitenfeld, Altranstädt, Hubertusburg und Leipzig. Außer den kriegerischen Hinterlassenschaften liegen unter dieser Erde auch mächtige Braunkohleflöze, sichtbar nur, wo sie großflächig aufgebrochen wurde in den landschaftsfressenden Tagebauen. Da streckt sich zwischen Mulde und Elbe die Dübener Heide. Da sind die großen Städte Leipzig, Dresden und Chemnitz, die nach den verheerenden Bombenschäden im Krieg und den städtebaulichen Sünden des DDR-Sozialismus wieder ansehenswerte Zentren erhielten. Die südlich gelagerten Mittelgebirge, die keine nennenswerten Schroffheiten kennen, sondern sich sanft und waldreich aufhügeln zu begehbaren Höhen. So das Erzgebirge mit dem 1 214 Meter hohen Fichtelberg oder auch das Elbsandsteingebirge mit der Sächsischen Schweiz: Diese vormals „Heide

**Burg Kriebstein**

**Kriebstein Castle**

roasted potato peels, in order to fill one's stomach. Augustusburg, Harrasfelsen, Kriebstein Castle: the hikes there as a child in lederhosen and felt country hat. Skinny-dipping in the Zschopau River – then still clean – as an adolescent. The discovery of Schmidt-Rottluff's paintings in the local museum, as the upheavals of puberty set in: an awakening. I even had a sympathetic ear for the dialect (which it was advisable to shed as quickly as possible in an East Berlin that did not exactly love Saxons) because so very much is preserved in it: the experience of history and daily life, the submerged knowledge of generations, character, disposition, mentality and nature, in short: the very special Saxon temperament. If one defines "temperament" as man's "natural disposition" or "natural mentality" it becomes clear that there is a profoundly formative relationship between landscape and climate – that is, nature – and the people living there.

There are the spacious, tranquil expanses of the northwestern Saxon lowlands, although over the course of history they have also proven to be an ideal landscape for major troop deployments, battles and subsequent peace resolutions: at Mühlberg, Lützen, Torgau, Breitenfeld, Altranstädt, Hubertusburg and Leipzig. Besides this legacy of wars, the ground there also conceals great seams of brown coal, visible only where the landscape-devouring process of surface mining has opened up extensive areas. Then there is the Dübener Heide, or heath, between the Mulde and the Elbe rivers. The large cities of Leipzig, Dresden and Chemnitz: after the devastating bomb damage in the war and the urban design sins of GDR socialism they have once again attained respectable centers worth visiting. The low mountains in the south, which have no appreciably steep peaks but rise gently to accessible, forested heights. The Ore Mountains with Fichtelberg (1214 meters). The Elbe Sandstone Mountains with Saxon Switzerland: this wild area, formerly called the "heath by Hohnstein," was discovered as a destination for excursions during the era of romantic veneration of nature and was effusively described. There was talk in guidebooks of *insurmountably steep cliffs, terrifying gorges with rushing creeks, gigantic*

bei Hohnstein" genannte Wildnis wurde in den Zeiten romantischer Naturverehrung als Ausflugsziel entdeckt und entsprechend schwärmerisch beschrieben. Da war in so manchem Reiseführer von *unübersteiglich schroffen Felsenufern, von fürchterlich rauschenden Tiefen, von gigantischen Riesenmauern und ungeheuren Säulen* die Rede, die *bis zu den Wolken emporgetürmt* seien, doch sollten diese schauerlichen Superlative vor allem die Neugier Fremder wecken; den Sachsen selber, insonderheit den Dresdenern, waren die tatsächlichen Dimensionen wohl bewusst. Was sie wollten, war eine gemütliche Schweiz bequem vor der Haustür, und so lehnten sie 1911 auch den nationalüberschwänglichen Vorschlag ab, die Sächsische Schweiz zur Großen Sächsischen Schweiz zu befördern. Da sind die ausgedehnten Kulturlandschaften des Vogtlandes und der Lausitz. Die Oberlausitz an Spree und Neiße mit den alten und mittlerweile sanierten Städten Zittau, Görlitz und Bautzen. Die Niederlausitz, die zum Teil vom Braunkohleabbau geprägt ist. Das Vogtland, das Elbtal mit Meißen, Dresden und Pillnitz, das Elster- und das Lausitzer Gebirge, und dazwischen viele kleine Orte, die Geschichte atmen, wie Bad Muskau zum Beispiel mit seinem Alten und Neuen Schloss und Fürst Pücklers berühmtem großen Garten ... Die Aura, der Extrakt all dieser Orte und Landschaften ist unschwer in Sprache und Gemüt ihrer Bewohner zu finden.

Die Sachsen sind im Grunde gutmütig, friedfertig, sie lieben das Kleine. Und das Weiche. Weshalb sie den Kuchen seit jeher gern in den Kaffee tauchen, oder wie sie sagen: *ditschen*. Man nennt sie ja auch Kaffeesachsen. Die Liebe zum Weichen bestimmt auch ihre Aussprache. Die Grundregel des *Säggsch* lautet: *De weeschn besiechn de hardn*, was heißt: Die weichen besiegen die harten Konsonanten. Drei schöne Beispiele sollen das illustrieren: *heemdüggsch* (heimtückisch), *diggschen* (dickköpfig sein) und *bredchen* (predigen, aber groß geschrieben auch: Brötchen). Die gesprochene Sprache geht den Weg

**Zittau, Stadtzentrum**

**Zittau, city center**

*rock walls and monstrous columns towering up to the clouds*, but these hair-raising superlatives were mostly intended to awaken the curiosity of strangers; the Saxons themselves, particularly the Dresdners, were quite conscious of the real dimensions. What they wanted was a pleasant Switzerland comfortably close to their doorstep, and so in 1911 they also refused to support the exuberant national proposal to promote Saxon Switzerland to Grand Saxon Switzerland. There are the expansive cultural landscapes of Vogtland and Lusatia; Upper Lusatia on the Spree and Neisse rivers with the old, now rehabbed cities of Zittau, Görlitz and Bautzen; Lower Lusatia marked by the brown coal mining around Lauchhammer; the Elbe Valley with Meissen, Dresden and Pillnitz; the Elster and Lusatian mountains; and in between the many small towns which breathe history, such as Bad Muskau with its Old and New Palace and Prince Pückler's famous garden ... The aura, the extract, of all these places and landscapes is not difficult to find in the language and nature of their inhabitants.

The Saxons are basically good-natured, peaceable, and fond of the small. And of the soft, which is why they have always liked to dunk their cake in their coffee, or as they say, *ditschen*. Indeed they are also called the Coffee-Saxons. A love of the soft also defines their pronunciation. The basic rule of *Säggsch* (sächsisch, the Saxon dialect) is: *De weeschn besiechn de hardn*, meaning the soft sounds triumph over the hard consonants. Three examples illustrate this nicely: *heemdüggsch* (heimtückisch, or treacherous), *diggschen* (dickköpfig, or stubborn), and *bredchen* (predigen, to preach; capitalized it also is *Brötchen*, or rolls). The spoken language goes the way of least resistance, or as the Saxon himself would say: *Eenfach de Gusche uffmachn un alleene rausloofn lassn* (Simply open the mouth and let it out by itself).

In 1718 the nobleman von Loen wrote: *Saxon blood is the finest in Germany. It is ardent, tender and extremely lascivious. Lust makes the inhabitants in this land sensitive, pleasant, polite and flattering. But at the same time also fickle, soft, chatty, luxurious ... By the glowing stove, over beer and tobacco, they fabricate the most beautiful songs*

des geringsten Widerstandes, oder wie der Sachse selber sagt: *Eenfach de Gusche uffmachn un alleene rausloofn lassn.*

Der Edelmann von Loen schrieb 1718: *Das sächsische Blut ist das schönste in Deutschland. Es ist feurig, zärtlich und überaus verbuhlt. Die Wollust macht die Einwohner in diesem Land sinnreich, angenehm, höflich und schmeichlerisch. Aber auch zugleich wankelmütig, weichlich, plauderhaft, schwelgerisch…Bei glühendem Ofen, bei Bier und Tabak brüten sie die schönsten Lieder und Gedichte aus. Selbst das schöne Geschlecht hat nicht nur zärtliche Schönheit im Reimen, sondern auch männliche Stärke im Gedanken…Bei den Männern findet sich mehr weibische Zartigkeit, weil sie das T matt und weich aussprechen …* Nun ja. Einiges ist dran. Noch heute. Doch wie man im Sächsischen sagt: *Es hat äben alles sei Aberchen.* Es stimmt, den Sachsen ist eine scheinbar stoische Gelassenheit zu eigen, die sich lange reizen lässt, so lange, dass manch Drangsalierer meinte, er könne mit den Sachsen alles machen, da ihnen die Gemütlichkeit über alles gehe, Motto: *Wemmer och nischt hamm, simmer doch hibsch beisamm.* Und tatsächlich, der Sachse duldet lange, doch irgendwann, dann reicht´s, da wird der stille Dulder *blötzlich beese*, steht auf und sagt, was er lange stumm in sich trug, sagt es laut, derart laut, dass die weich gesprochenen Konsonanten plötzlich hart werden: *Pasta!* So geschehen zuletzt im Herbst 1989. Und der „Zorn des Schafes" (ein Buchtitel des sächsischen Schriftstellers Erich Loest) war nicht eher zu besänftigen, bis jene, die ihn 40 lange Jahre provoziert hatten, verschwanden, und zwar, das wollen wir doch hoffen, auf Nimmerwiedersehen. Danach war es ungemein erleichternd, wieder weich zu sein.

Die Sachsen wissen, dass sie, wenn sie wütend werden, auf andere komisch wirken. Und dass sie dann noch wütender werden, wissen sie auch. Deshalb vermeiden sie möglichst die heftige Erregung, ebenso wie die große Geste, das militante Tschingtarrassabum, das politische Kolossalgetöse und das kollektive Jubilieren, zumal wenn es von oben erwartet wird. Oder gar verordnet wie in den vier Jahrzehnten des tristen Jubelstaates namens DDR, der zudem das alte und stolze

*and poems. Even the fair sex demonstrates not only tender beauty in rhyme but also male strength in thought…More effeminate tenderness is to be found in the men because they pronounce "t" weakly and softly …* Well, indeed. There is something to this, even today. But as one would say in the Saxon dialect: *Es hat äben alles sei Aberchen* (Everything has its ifs and buts). It is true that the Saxon possesses an apparently stoic imperturbability and can be needled for a long time – for so long that some bullies think they can do anything with the Saxons because *Gemütlichkeit* is the most important thing to them, according to the maxim: *Wemmer och nischt hamm, simmr doch hibsch beisamm* (Even if we don't have anything, at least we are nicely together). And in fact the Saxon does put up with things for a long time, but at some point enough is enough and the quiet long-sufferer is *blötzlich beese* (suddenly mad). He stands up and says what he has been keeping quietly to himself, and he says it loud, so loud that the softly spoken consonants suddenly become hard: *Pasta!* The last time this happened was in the fall of 1989. At that time the "Wrath of the Sheep" (the title of a book by the Saxon author Erich Loest) was not to be appeased until those who had provoked him for 40 long years had disappeared, never to be seen again, as we certainly hope. After that it was a tremendous relief to be soft again.

The Saxons know that others find them funny when they get mad. And they also know that that makes them even madder. Therefore they avoid getting greatly excited, as far as possible, and likewise they avoid great gestures, military tam-tam, political tumult and collective jubilation, particularly if it is expected from above. Or even ordered from above, as during the four decades of the dreary jubilating nation known as the German Democratic Republic. This GDR moreover foolishly and

**Leipzig, Blick über den Augustusplatz und die Oper zum Hauptbahnhof**
**Leipzig, view over Augustus Square and the opera house toward the main railway station**

Sachsen kurzerhand und törichterweise als Land auflöste und in die Bezirke Dresden, Leipzig und Chemnitz (Karl-Marx-Stadt) gliederte: ein von den Sachsen nie verziehener Frevel von historischer Dimension. Ein tiefer Widerwille gegen alles Gespreizte lässt sie das Pathos reduzieren auf den banalen Kern. Das Heroische auf das Lächerliche. Das Hehre auf das Hohle.

Selbst die Beinamen ihrer früheren Herrscher weisen darauf hin, da gibt es den Ernsthaften, den Sanftmütigen, den Weisen, den Gerechten, den Beständigen, den Gütigen, den Frommen, den Kleinen, den Gebissenen, aber nicht den Beißer. Friedrich der Streitbare und August der Starke sind da nur Ausnahmen von der Regel. Die Sachsen standen historisch nicht eben selten auf der falschen Seite, was manchmal sogar für sie spricht, oft aber fatale Folgen hatte. So in den Befreiungskriegen, wo sie die Franzosen unterstützten – und als nach Napoleons und damit auch ihrer Niederlage das „Banner der freiwilligen Sachsen" die sächsische Ehre retten wollte und nun gen Frankreich losmarschierte, ertrank es beim Übergang über den Main. Der Krieg liegt ihnen nicht, deshalb sprechen sie das Wort auch so: *Griesch*. Was wenigstens phonetisch ein wenig angenehmer klingt. Der bessere Teil sächsischer Tapferkeit war stets die Vorsicht.

Dabei ist der Sachse im Frieden durchaus vigilant, oder besser: *fischelant*, denn so spricht er das ursprünglich französische Wort für „aufgeweckt, findig, schlau". Zudem ist er äußerst neugierig und gern auf Reisen, wo er nahezu alles bestaunt und fast alles schöner, größer und wunderbarer findet als zu Hause. Die Sonnenuntergänge anderswo, bevorzugt an deutschen oder welschen Küsten, findet er sensationell und kommentiert dieses nicht gar so seltene Naturschauspiel freudig bewegt mit den Worten: *Nu gugge ma da, jetz ditscht se nei!* Zu Hause, vor Ort dagegen versteht er es, geduldig seine Chance zu suchen, er ist hell und wach, selbst wenn er nur zu dösen scheint, und er ist fleißig, tüchtig, akkurat und ausdauernd darauf aus, sein eigenes kleines Plätzchen zu erobern und zu sichern. Denn Zufriedenheit geht ihm über den Stress der Gier nach immer mehr. Auch will er mög-

abruptly dissolved proud old Saxony as a state and reclassified it into the districts of Dresden, Leipzig and Chemnitz (Karl-Marx-Stadt): an outrage of historic dimensions that the Saxons will never forgive. A deep aversion to all pompousness allows them to reduce pathos to its banal core, the heroic to the ridiculous, the lofty to the hollow.

Even the epithets of the former sovereigns point to this: the Serious, the Meek, the Wise, the Fair, the Steadfast, the Good, the Pious, the Small, the Bitten – but not the Biter. Frederick the Valiant and Augustus the Strong are only exceptions to the rule. Historically the Saxons were not infrequently on the wrong side, which sometimes speaks in their favor but often had fatal consequences, as when they supported the French in the German Wars of Liberation. After Napoleon's, and thus Saxony's, defeat the volunteer corps "Banner der freiwilligen Sachsen" wanted to save Saxony's honor and marched off toward France, but then drowned during the crossing of the Main. War does not suit the Saxons and therefore they pronounce the word *Krieg*, or war, *Griesch*, which at least sounds somewhat more agreeable phonetically. The better part of Saxon bravery has always been caution.

But in peace the Saxon is quite vigilant, or better, *fischelant*, which is how he pronounces the originally French word for "clever, resourceful, shrewd." Moreover he is extremely curious and likes to travel: he admires nearly everything and considers almost everything bigger and more beautiful and wonderful than at home. He finds sunsets elsewhere, preferably on German, French, Spanish or Italian seacoasts, sensational and is cheerfully moved to comment on this not exactly uncommon natural phenomenon with the words: *Nu gugge ma da, jetz ditscht se nei!* (Have a look there, it is dipping down!). In contrast, at home he understands how to watch patiently for his chance, he is bright and alert, even when he appears to be only dozing, and he is industrious, capable, meticulous and tenaciously concentrated on attaining and securing his own little spot. Satisfaction is more important to him than the stress of craving after more and more. And he doesn't want to arouse his neighbor's jealousy. Therefore the Saxon usually stops

lichst nicht den Neid des Nachbarn wecken. Deshalb hört der Sachse in der Regel auf, wo aus seiner kleinen Klitsche ein Konzern werden könnte. Einen Krupp haben die Sachsen nicht hervorgebracht, statt Kanonen bauten sie kleine Pistolen. Selbst die großen Sachsen waren nicht so sehr die Regenten, Feldherren, Eroberer und Industriemagnaten, sondern vor allem die Größen der Kunst und des Geistes.

Um nur einige zu nennen: Gottfried Wilhelm Leibniz, der vielleicht letzte Universalgelehrte, erfand unter anderem die Differenzial- und Integralrechnung, konstruierte die erste brauchbare Rechenmaschine, entwickelte als weitsichtiger Philosoph in seiner *Theodizee* die Lehre von den Monaden und der prästabilierten Harmonie der Welt und gründete zu guter Letzt eine Akademie der Wissenschaften, und zwar ausgerechnet die der Preußen. Der erfolgreiche Reformator Martin Luther schuf mit seiner Bibelübersetzung, bei der er sich auf die meißnische Kanzleisprache bezog, die Grundlage für eine einheitliche deutsche Hochsprache, womit das Sächsische, so unglaublich das angesichts des viel geschmähten Dialektes auch klingen mag, die Wurzel des Hochdeutschen ist. Oder Gotthold Ephraim Lessing, der bedeutendste Dichter und Denker der deutschen Aufklärung, dessen „Nathan der Weise" als Deklaration religiöser Toleranz nicht zufällig sächsischem Boden entspross. Der geniale und höchstproduktive Tonsetzer und Thomaskantor Johann Sebastian Bach, von dem Beethoven bewundernd sagte, er solle nicht Bach, sondern Meer heißen. Der fulminante Opernschöpfer Richard Wagner, der, steckbrieflich gesucht, nach der missglückten Revolution von 1848 aus Dresden fliehen musste. Der Philosoph Friedrich Nietzsche, dessen exorbitante Denk- und Formulierkraft die Universität Leipzig nicht erkannte und deshalb das Genie noch vor seiner Promotion von dannen ziehen ließ.

Neben den erbrachten Hochleistungen in Kunst und Wissenschaft haben die Sachsen auch allerlei Handfestes erfunden, so 1708 das weiße Hartporzellan (das nach der chinesischen Ersterfindung eigentlich eine Wiedererfindung ist), 1867 in Leipzig das Taschenbuch mit

at the point where his little outfit might turn into big business. The Saxons have not produced a Krupp, instead of cannons they built little pistols. Even the great men of Saxony tended not to be the sovereigns, generals, conquerors or industrial magnates, but rather stars of art and intellect.

To mention only a few: Gottfried Wilhelm Leibniz, perhaps the last universal genius, whose discoveries included differential and integral calculus and who constructed the first usable calculating machine; as a farsighted philosopher he developed the theory of monads and the pre-established harmony of the world in his *Theodicy*; and last but not least he founded an Academy of Sciences (for the Prussians, of all people). The successful reformer Martin Luther established the basis for a uniform standard language for German with his translation of the Bible, for which he referred to the administrative language used in Meissen; thus the Saxon dialect, as unbelievable as this may seem given how much it is disparaged, is the root of High German. Others include Gotthold Ephraim Lessing, the most important dramatist and philosopher of the German Enlightenment, whose "Nathan the Wise," a declaration of religious tolerance, did not just coincidentally originate in Saxony; the inspired and highly productive composer and St. Thomas cantor Johann Sebastian Bach, of whom Beethoven admiringly said he should not be named Bach (=stream) but rather Meer (=sea); the brilliant creator of operas, Richard Wagner, who had to flee Dresden on warrant of arrest following the failed revolution of 1848; and the philosopher Friedrich Nietzsche, whose extravagant powers of thought and phrasing were not recognized by the University of Leipzig, which therefore allowed the genius to depart before he got his doctorate.

In addition to top performances in art and science, the Saxons have invented all sorts of practical things, such as white hard-fired porcelain in 1708 (actually a re-discovery of the original Chinese invention) or the paperback book in 1867 in Leipzig, when "Reclams Universalbibliothek," the first series of classics at low prices, became an incomparable publishing success. Later inventions included homeopathy,

Die Altstadt
von Freiberg
Freiberg's Old Town

„Reclams Universalbibliothek", der editorisch unvergleichlich erfolgreichen ersten Klassikerbibliothek zu Niedrigpreisen, später die Homöopathie, die Azetylsalicylsäure, die unter dem Namen Aspirin Weltkarriere machte, die Zahnpasta, den Teebeutel, den mechanischen Webstuhl, die Gaslaterne, das vollsynthetische Feinwaschmittel, den Bildtelegraphen, den Bierdeckel, den Schrebergarten, das Mundwasser Odol, und 1899 schließlich auch den BH, vom Patentamt damals mit *Frauenleibchen als Brustträger* betitelt.

Auch unsere ungeliebte Mehrwertsteuer gab es schon bei August dem Starken, da hieß sie noch „Generalkonsumakzise". Und 1918 wurde Sachsen der erste deutsche Freistaat, noch vor Bayern wohlgemerkt.

Selbst die Weltleitwährung Dollar ist, wenn auch bedauerlicherweise nur etymologisch, sächsischen Ursprungs, ging doch der Name aus dem 1522 als Zahlungsmittel ausgegebenen „Joachimsthaler Gulden" hervor, der dann im Laufe der Zeiten zum Joachimsthaler, Thaler oder Taler sprachlich verkürzt und internationalisiert worden ist zu Daler, Daalder, Tallero und in den USA schließlich zu Dollar. Erstaunlich oft waren die Sachsen die Ersten in deutschen Landen oder gar in der Welt. Die erste Tageszeitung überhaupt erscheint unter dem Titel „Extrablätter" 1649 in Leipzig. Das erste Hammerklavier der Welt konstruiert 1717 der Sachse Christoph Gottlieb Schröther, es wird zur Marktreife weiterentwickelt vom berühmten Orgelbauer Gottfried Silbermann in Freiberg. 1765 gründet sich im hochentwickelten Bergbauland Sachsen mit der „Churfürstlich-sächsischen Bergakademie Freyberg" die erste montanwissenschaftliche Hochschule der Welt. 1732 erscheint das erste alphabetisch geordnete Konversationslexikon bei Johann Heinrich Zedler in Leipzig. Die erste deutsche Staatsbank gibt es 1698 in Leipzig, die erste deutsche Lokomotive, die „Saxonia", dampft 1838 durch Sachsen, später das erste deutsche Flussdampfschiff, und auch das erste deutsche Ganzmetallflugzeug kommt aus Sachsen. Nicht zu vergessen, weil wir ja hier gerade ein Buch in Händen halten: Der erste deutsche Lektor ist Johann Gottfried Seume, sein Arbeitgeber ist die Ver-

acetyl salicylic acid (which has had an international career under the name aspirin), toothpaste, the tea bag, the mechanical loom, the gas streetlamp, the all-synthetic light-duty detergent, the phototelegraph, the beer mat, the Schreber (or allotment) garden, Odol mouthwash, and even the brassiere, which was referred to by the patent office in 1899 as "female bodice as breast support." Our unloved value-added tax already existed under Augustus the Strong, when it was still called the "General Consume Duty." Finally, in 1918 Saxony became the first German Free State – before Bavaria, mind you!

Even the international reserve currency the dollar has its source in Saxony, although unfortunately only etymologically; the word comes from the "Joachimsthaler Gulden," used as a means of payment in 1522, which in the course of time was shortened linguistically to *Joachimsthaler, Thaler or Taler*, and was internationalized as *daler, daalder, tallero* and in the USA finally as dollar. The Saxons were surprisingly often the first to achieve something in the German lands or even in the world. The first daily newspaper was published under the title "Extrablätter" in Leipzig in 1649. The world's first pianoforte was built in 1717 by the Saxon Christoph Gottlieb Schröther; it was further developed for the general market by the famous organ builder Gottfried Silbermann in Freiberg. In 1765 the world's first scientific mining university, the "Churfürstlich-sächsische Bergakademie Freyberg," was founded in Saxony with its highly developed mining industry. In 1732 the first alphabetically arranged universal encyclopedia was published by Johann Heinrich Zedler in Leipzig. The first German state bank was established in Leipzig in 1698; the first German locomotive, the "Saxonia," puffed through Saxony in 1838; later the first German river steamboat, and also the first German all-metal airplane, came from Saxony. Not to be forgotten, since we have a book in our hands right at this moment: the first German copy editor was Johann Gottfried Seume, employed by the publishing house Göschen in Leipzig, publisher at that time of Goethe, Schiller, Wieland and Klopstock. But all of this is completely surpassed by the courage of so many in the fall

lagsbuchhandlung Göschen in Leipzig, wo seinerzeit Goethe, Schiller, Wieland und Klopstock ihre verlegerische Heimstatt hatten. Das alles jedoch wird noch weit übertroffen vom Mut der Vielen im Herbst des Jahres 1989: Ausgehend von Sachsens Städten geschah hier die erste vollendete und dazu noch völlig friedliche Revolution in Deutschland, den Sachsen sei´s gedankt.

Obwohl sie mehr das Kleine lieben, haben sie mitunter sogar das Größte geschaffen, wenn auch vielleicht ganz ungewollt. So die größte Ziegelbrücke der Welt, die 1851 vollendete Göltzschtalbrücke, die immerhin 579 Meter lang und 78 Meter hoch ist und auf der noch immer Züge fahren. Manchmal waren sie sogar die Schnellsten, was bei dem eher bedächtigen Temperament erstaunen mag: So galt die kursächsische Post zu Zeiten Augusts des Starken als die wohlorganisierteste und flotteste in allen deutschen Landen.

Das Älteste haben die Sachsen bei ihrer langen Geschichte ohnehin nicht selten: Der bereits 1254 urkundlich erwähnte Thomanerchor ist der älteste europäische Knabenchor, der 1524 in Leipzig angelegte botanische Garten hält gleichfalls die europäische Spitzenposition, ebenso die 1548 von Moritz von Sachsen gegründete Sächsische Staatskapelle. Nicht weniger stolz sind die Sachsen, namentlich die Dresdener, auf die älteste Kaserne und das zugleich größte Festungswerk, die Festung Königstein im schönen Elbsandsteingebirge, die vielleicht nur deshalb nie erobert wurde, weil sie ernsthaft nie verteidigt werden musste. Doch so boshaft will ich nicht sein.

Und auch die lange sächsische Geschichte will ich nicht so bruchstückhaft behandeln, denn die hat nicht unwesentlich das Landschaftsbild geprägt, das wir heute vorfinden und in den vorliegenden sächsischen Flugbildern erkennen können. Da die Historie Sachsens jedoch über zwölf Jahrhunderte reicht, muss ich mich mit einem kurzen, scharfen Ritt durch sie begnügen, allerdings mit einigen Pirouetten an historisch bemerkenswerten Stellen.

Alles begann Anfang des 9. Jahrhunderts mit den ostelbischen Stammesherzogtümern der Liudolfinger, Billunger und Askanier. Otto der

of the year 1989: starting in Saxony's cities, the first revolution in Germany to reach its conclusion – and moreover remain totally peaceful – took place here, and for that the Saxons must be thanked.

Although they love the small more, the Saxons have also occasionally created the largest of something, even if it was perhaps quite unintentional. For instance, the biggest brick bridge in the world, crossing over the Göltzsch Valley, was completed in 1851; it is 579 meters long and 78 meters high, and trains are still using it. Sometimes the Saxons were even the fastest, which may seem quite astonishing given their rather cautious temperament: the royal postal system at the time of Augustus the Strong was considered the best organized and fastest in all the German lands.

In any case, given their long history the Saxons not infrequently hold the record for the oldest of something: the Thomaner Choir, mentioned in documents already in 1254, is the oldest European boys' choir; the botanical garden laid out in Leipzig in 1524 is the oldest in Europe; and so is the Sächsische Staatskapelle (state orchestra), founded in 1548 by Maurice of Saxony. The Saxons, in particular the Dresdners, are no less proud of having the oldest military barracks, which at the same time is the biggest fortress: Königstein in the beautiful Elbe Sandstone Mountains, which was never conquered perhaps because it never had to be seriously defended. But I don't want to be that malicious.

I also do not want to treat Saxony's long history so fragmentarily because it has played a vital role in shaping the appearance of the landscape we find here today and which we recognize in these aerial photographs of Saxony. However, since the history of Saxony covers twelve centuries I will have to be satisfied with a short, swift ride, but with some pirouettes at historically noteworthy points.

It all began in the early 9th century with the East Elbe duchies of the Liudolfinger, Billunger and Ascanian dynasties. About two centuries

**Die Göltzschtalbrücke nahe Reichenbach im Vogtland**
**Göltzsch Valley Bridge near Reichenbach in Vogtland**

Große richtete knapp zweihundert Jahre später die Pfalzgrafschaft ein, die wechselnde Herren hatte, bis das Kernland, die Mark Meißen, als Markgrafschaft 1347 endgültig an die Wettiner fiel, die dieses Erbe bis 1918 nicht wieder aus den Händen gaben. Sie erweiterten ihr Gebiet bis nach Thüringen, wurden für ihren Kampfeinsatz in den Hussitenkriegen 1423 mit dem Herzogtum Sachsen-Wittenberg belehnt und erlangten damit die Kurwürde. Zuerst wuchs das Kurfürstentum Sachsen territorial, teilte sich dann unglücklicherweise selbst in die Ernestinische und Albertinische Linie und wurde Anfang des 16. Jahrhunderts mit der von Wittenberg ausgehenden Reformation sogar Brennpunkt europäischer Geschichte. Fürst Moritz brachte die Kurwürde an die Albertiner, einverleibte die nun evangelischen Bistümer Meißen, Merseburg und Naumburg seinem Kurstaat und erwarb endgültig das Vogtland, worauf ein wirtschaftlicher Aufschwung folgte, der jedoch vom Dreißigjährigen Krieg fast vollständig zunichte gemacht werden sollte: Nahezu alle Städte wurden belagert, bombardiert und besetzt, Bautzen, Döbeln, Leisnig, Liebenwerda, Schmiedeberg und Wurzen völlig niedergebrannt, der bereits florierende Silber- und Erzbergbau, die Manufakturen und der Handel ruiniert, so dass der in Hartenstein geborene Paul Fleming 1633 klagte: *O du zweimal wüstes Land / Von der Feinde bösen Hand / Ach, du liebes Meißen, du / Wie bistu gerichtet zu!* Zudem nahm die Rivalität um die Vorherrschaft im mitteldeutschen Raum mit dem nördlichen Nachbarn Brandenburg-Preußen stetig zu. Doch Sachsen erholte sich dank der genannten Tugenden und erreichte einen Glanz- und Höhepunkt unter August dem Starken oder dem *Hercules Saxonicus*, wie er sich selbst gern nennen und muskelstrotzend auf Münzen prägen ließ.

Mit seinem Regierungsantritt 1694, und hier folgt die erste Pirouette, begann das augusteische Zeitalter, das, von seinen Nachfolgern fortgeführt, bis 1763 währte und bis heute eine Gloriole trägt. Großenteils zu Recht, hatte doch August der Starke bei seinem Ableben 1733 nahezu alle seine Ziele erreicht. Sachsen war in Wirtschaft, Kunst und Wissenschaft Spitze im damaligen Deutschland. Es hatte die säch-

later Otto the Great set up a county palatine, which had changing rulers until the core land, the March of Meissen, finally fell to the Wettin dynasty as a margravate in 1347. The Wettins were not to let this legacy out of their hands until 1918. They extended their lands into Thuringia and were rewarded for their participation in the Hussite wars in 1423 with the duchy of Saxe-Wittenberg. This also brought them electoral status. At first the electorate of Saxony expanded territorially, but then the dynasty unfortunately divided itself into the Ernestine and the Albertine lines. At the beginning of the 16th century, with the Reformation spreading out from Wittenberg, electoral Saxony was even the focal point of European history for a time. The electoral privilege fell to the Albertine line under Maurice, who annexed the (by then Protestant) bishoprics of Meissen, Merseburg and Naumburg to his electoral domains and acquired Vogtland once and for all. An economic boom followed, only to be almost completely extinguished by the Thirty Years War. Almost all the cities were besieged, bombarded and occupied. Bautzen, Döbeln, Leisnig, Liebenwerda, Schmiedeberg and Wurzen were completely burned down, the flourishing silver and ore mining industry, the manufactories and trade were ruined. In 1663 Paul Fleming, born in Hartenstein, lamented: *Oh you land twice-devastated / by the terrible hand of enemies / Ach, beloved Meissen / How you have been battered!* Moreover rivalry with the northern neighbor Brandenburg-Prussia for predominance in the central German lands increased continuously. But thanks to the previously mentioned virtues Saxony recovered and achieved a heyday under Augustus the Strong, or *Hercules Saxonicus* as he liked to call himself (and as he had himself, bursting with muscles, imprinted on coins).

The Augustine Era (and here is our first pirouette), beginning in 1694 with Augustus the Strong's reign and lasting under his successors until 1763, still has an aura of glory today. This is largely justified, since

**Meißen, Albrechtsburg und Dom**
**Meissen, Albrechtsburg Palace and the cathedral**

sische Erbfolge in Polen durchgesetzt, die Einnahmen aus der entwickelten Montanwirtschaft und den damals modernsten Manufakturen sprudelten. Das Land besaß mit dem *Codex Augusteus* ein zu jenen Zeiten vorbildliches und keineswegs absolutistisches Gesetzeswerk, das Adel, Bürgertum und Kirche, Handel und Wandel weitgehend freie Hand ließ, es hatte ein hervorragend organisiertes Schulwesen, eine entwickelte Infrastruktur, einen ganzen Komplex neuer wissenschaftlicher und künstlerischer Sammlungen, höchst vitale Städte wie Leipzig und vor allem Dresden. Dieses war unter Augusts Regentschaft zum *Elbflorenz* erblüht, mit den noch heute zu bewundernden architektonischen und künstlerischen Meisterwerken augusteischen Barocks, der hier nur mit drei Namen benannt sein soll: dem Goldschmied Dinglinger und den Architekten Pöppelmann und Bähr. Im neu erbauten Zwinger, so ging damals die Legende, hätten sich die Musen Erato, Polyhymnia und Euterpe eingemietet, zweifellos gehörte jedoch auch Dionysos zu dieser illustren Wohngemeinschaft. August der Starke folgte dem Wahlspruch jener Zeit, der da hieß: *Pracht kündet Macht*, doch war er mehr als nur ein eitler und machtbewusster Potentat und blieb den Sachsen so in guter Erinnerung. So gut, dass ihm – in Gestalt des Goldenen Reiters auf dem Neustädter Markt in Dresden – zu DDR-Zeiten ein Schild umgehängt wurde, auf dem stand: *König August, steig hernieder und regiere du uns wieder!* Dieser vermutlich in Bierlaune geborene Studentenspaß wurde stante pede als staatsfeindliche Handlung verfolgt, die ostdeutschen Machthaber verstanden bekanntlich mit derlei Sachen keinen Spaß.

Keinen Spaß verstand auch der Preußenkönig Friedrich II., der Sachsen mit Kriegen überzog, vernichtend schlug und die Überfallenen anschließend die Kriegskosten bezahlen ließ. Der Flöte spielende *Philosoph auf dem Thron* hat sich in Sachsen wenig fein benommen, ließ er doch die Marmorstatuen im Dresdener Großen Garten zerschießen und zerschlagen, alle Schlösser des von ihm gehassten Grafen Brühl plündern und niederbrennen sowie die elbnahen Wälder roden und verkaufen. Als Napoleon 1806 die Preußen bei Jena und Auerstedt ge-

by the time of his death in 1733 Augustus the Strong had achieved almost all his goals. Saxony headed the German lands at the time in terms of economy, art and science, and there was income from the mining industry and modern manufactories. With the *Codex Augusteus*, Saxony possessed a model law code for the times; in no way absolutist, it gave the nobility, the bourgeoisie and the church as well as trade and commerce a largely free hand. There was an excellently organized school system, a developed infrastructure, a whole complex of new scientific and artistic collections, and extremely vital cities such as Leipzig and in particular Dresden. Under Augustus's reign the latter had blossomed into *Florence on the Elbe*, with architectural and artistic masterworks of Augustine Baroque that can still be admired today. Only three names need be mentioned here: the goldsmith Dinglinger and the architects Pöppelmann and Bähr. Legend at the time said that the muses Erato, Polyhymnia and Euterpe had taken up lodgings in the newly built Zwinger, and no doubt Dionysius also belonged to this illustrious group. Augustus the Strong followed the motto of the times, namely: *Splendor heralds power*, but he was more than just a vain and power-conscious potentate, and thus the Saxons have positive memories of him. So positive that once during the GDR era a sign was hung on him, in the form of the Golden Rider statue on Neustädter Markt in Dresden, with the words *King Augustus, dismount and govern us again!* This student gag, which beer probably helped to inspire, was immediately pursued as a subversive action; as everybody knows, the ruling powers in East Germany could not take a joke as far as such things were concerned.

The Prussian king Frederick II was likewise not to be trifled with; he invaded Saxony, crushingly defeated the Saxons, and then made the conquered pay the war expenses. This flute-playing "philosopher on the throne" did not behave nicely at all in Saxony: he had the marble

**Dresden, das „Blaue Wunder"**
**Dresden, "Blue Wonder" Bridge**

schlagen hatte, lief Sachsen flugs zu den Franzosen über und hatte damit nach Napoleons Niederlage denkbar schlechte Karten: Es kam unter russische und preußische Verwaltung und musste auf dem Wiener Kongress von 1815 mehr als die Hälfte seines Territoriums an Preußen abtreten. Ein herber Verlust, von dem sich das geschrumpfte Königreich erst mit der beginnenden Industrialisierung erholte, in der die Sachsen früh auf die heimische Steinkohle, die Dampfmaschine, auf die Textilindustrie und den Maschinenbau setzten. Freilich schufen diese Veränderungen auch einige soziale Probleme, so dass das Volk zweimal ernsthaft aufbegehrte und ungewöhnlich ungemütlich wurde, nämlich 1830 und 1848, zwar erfolglos, gleichwohl ertrotzte es sich dadurch mit der Einführung der konstitutionellen Monarchie eine damals fortschrittliche Verfassung. 1871 ging Sachsen mit einem Rest von Souveränität in dem von Bismarck geschaffenen deutschen Kaiserreich auf. Die Erholungsperiode endete mit dem 1. Weltkrieg und der Novemberrevolution von 1918, in der auch die revolutionären Sachsen ihren Monarchen, Friedrich August den III., nachdrücklich baten, doch zu gehen, wiewohl sie ihn eigentlich ganz gern mochten.

Und hier folgt die zweite Pirouette, denn dieser letzte Sachsenkönig wird erinnert als der sächsischste von allen. Er war ein großer Biertrinker und Skatspieler, der auch schon mal bei der Truppenparade vom Pferd fiel, was der anwesende Kaiser aus Preußen mit den Worten kommentierte, dieser König sei doch mehr ein August denn ein Friedrich. Indessen regierte der schlichte König sein Sachsen so volkstümlich wie moderat, weshalb von ihm die meisten Anekdoten überliefert sind. Seinen säumigen Söhnen soll er gedroht haben: *Wenner fortan nich binktlich seid, därfter ooch nich Geenig wärn!* Als er nach einer Othello-Aufführung in seiner Loge sitzen blieb und der Adjutant ihn untertänigst darauf hinwies, dass die anderen Besucher schon gegangen seien, meinte er: *Ich warte noch, bis se de Sufflöse ooch noch erstechen!* Nachdem ihn seine revolutionär gestimmten Sachsen zum Rücktritt genötigt und ausgerechnet im Haus des Zirkus Sarrasani die Republik proklamiert hatten, soll er das mit den wahrhaft königlichen Worten quit-

statues in Dresden's Great Garden shelled and smashed, all of the palaces of Count Brühl, whom he hated, were plundered and burned down, and the forests close to the Elbe were cleared and sold. When Napoleon defeated the Prussians in 1806 at Jena and Auerstedt Saxony quickly joined the French – and thus had extremely bad cards after Napoleon's defeat. Saxony came under Russian and Prussian administration and had to surrender more than half of its territory to Prussia at the Congress of Vienna in 1815. It was a bitter loss, from which the shrunken kingdom only recovered as industrialization began. The Saxons put their stakes at an early date on domestic bituminous coal production, the steam engine, the textile industry and machine building. Of course these changes also created some social problems, so that the population seriously protested twice and became unusually unpleasant, namely in 1830 and 1848 – in the end unsuccessfully, but nevertheless having wrested a then-progressive constitution from the rulers through the introduction of a constitutional monarchy. In 1871 Saxony, with a remnant of its sovereignty, was integrated into the German Empire under Bismarck. This recuperative period ended with the First World War and the November Revolution in 1918, in which the revolutionary Saxons resolutely asked their monarch, Frederick Augustus III, whom they actually liked a lot, to leave.

Here we come to our second pirouette, because this last Saxon king is remembered as the most Saxon of all. He was a great beer drinker and skat player, who once fell from his horse during a military review of the troops, which led the visiting Prussian emperor to remark that this king is more an Augustus than a Frederick. Nevertheless this unpretentious king ruled his Saxony both popularly and moderately, which is why the greatest number of anecdotes that have been passed down are about him. He is said to have threatened his lagging sons: *Wenner fortan nich binktlich seid, därfter ooch nich Geenig wärn!* (If you aren't punctual from now on, you won't get to be king!). When he remained seated in his box after a production of Othello and his adjutant humbly pointed out that the rest of the audience had already left, he said, *Ich*

tiert haben: *Dann macht doch euern Dreck alleene!* Und als die Dresdener am Bahnhof heulend von ihm Abschied nahmen, rief er ihnen zu: *Na, ihr seid mir ja scheene Rebubliganer!* Sachsen wurde Freistaat, driftete durch die Weimarer Republik und die Nazidiktatur, erlitt immense Schäden im Zweiten Weltkrieg und geriet nach dessen Ende unter sowjetische Besatzung. Die rabiaten Befreier nahmen sich vor allem des Urans im Erzgebirge an, um daraus ihre Atomwaffen zu bauen und ihre Kernkraftwerke zu speisen, das heißt, sie nahmen es mit, ohne dafür zu bezahlen, denn hätten sie gezahlt, gäbe es in Sachsen heute, so der fliegende Fotograf Jochen Knobloch, *goldene Türklinken*.

Was folgte, waren 40 Jahre DDR, in denen Sachsen nur in der Erinnerung noch existierte. Nachhaltig rufschädigend war zudem das unselige Wirken des stalinistischen Obersachsen Walter Ulbricht, *Spitzbart* genannt, der die ersten zwei Jahrzehnte der DDR mit harter Hand regierte und der wegen seines ungebändigten Leipziger Dialekts nicht nur den Spott der andersdenkenden und anderssprechenden Landsleute in Ost und West auf sich selber zog, sondern die zum großen Teil unschuldigen Sachsen im Ganzen zum nationalen Gespött machte. Als Sachse hatte man es in diesen Zeiten schwer. Zu meinen Studentenzeiten kurz nach dem Mauerbau in Ostberlin musste ich populäre Grobheiten wie diese hören: *Hast du fünf Minuten Zeit, schlage einen Sachsen breit.* Oder: *Bist du mal in Wohnungsnot, schlage einen Sachsen tot.* An der S-Bahn-Strecke zur Uni stand die offizielle Losung *Ami go home!*, bis es eines schönen Morgens handgeschrieben darunter zu lesen gab: *Und nimm die Russen und die Sachsen mit!* Der volkstümliche Anhang war natürlich schon am Mittag übermalt. Dem Sachsen Ulbricht folgte an der Parteispitze ein gebürtiger Saarländer, was die Sache nicht besser machte, denn der führte den deutschen Teilstaat mit kämpferischer Fistelstimme geradenwegs in den Untergang.

Seither sind die Sachsen weitgehend rehabilitiert, da sie an der friedlichen Revolution von 1989 entscheidenden Anteil hatten. Und so war es für sie eine historische Wiedergutmachung, dass mit der deut-

*warte noch, bis se de Sufflöse ooch noch erstechen!* (I'm waiting till they also stab the prompter!). After his revolutionary-minded Saxons had forced him to step down and had proclaimed the republic (in, of all places, the Sarrasani Circus building), he is said to have countered with the truly royal words, *Dann macht doch euern Dreck alleene!* (Then do your dirty-work on your own!). And as the Dresdners came wailing to the train station to take their leave of him, he called out, *Na, ihr seid mir ja scheene Rebubliganer!* (So, you make great republicans!). Saxon became a Free State, drifted through the Weimar Republic and the Nazi dictatorship, suffered immense damage during the Second World War, and fell under Soviet occupation at the end of the war. The ferocious liberators took charge above all of the uranium in the Ore Mountains, in order to build their atomic weapons and feed their atomic energy plants; in other words, they carried it off without paying for it. According to aerial photographer Jochen Knobloch, if they had paid for it the door handles in Saxony would be made of gold.

In the forty years of the German Democratic Republic Saxony existed only in memory. Moreover there was long-term damage to its reputation from the unfortunate work of "head" Saxon Walter Ulbricht, nicknamed *Spitzbart* (goatee), who ruled the GDR with a heavy hand for the first two decades. Because of his untamed Leipzig dialect he not only incurred the mockery of differently minded and differently speaking countrymen in the east and the west, but also turned the mostly innocent Saxons as a whole into a national joke. It was tough to be a Saxon during this period. As a student in East Berlin shortly after the Wall was built I had to hear such rude popular remarks as, *If you have five extra minutes, then beat up a Saxon.* Or, *If there is a housing shortage, do away with a Saxon.* On the S-train route to the university one could read the official solution: *Ami go home!* One fine morning *And take the Russians and the Saxons with you!* was written underneath it. Of course this popular addendum was already painted over by midday. The Saxon Ulbricht was followed as head of the Party by a native of Saarland, but the situation did not improve because he led the GDR

schen Einheit 1990 Sachsen als föderales Land und Freistaat neu erstand.

Seither geht´s wieder aufwärts: Man schaue sich die 1989 halb verfallenen Städte und Dörfer heute an, nicht allein nur Dresden mit seiner neu erstandenen Frauenkirche! Auch die Landschaft atmet nach der organisierten Verwahrlosung, der Zerstörung jahrhundertelang gewachsener städtischer wie ländlicher Strukturen und dem ökologischen Desaster des Uran- und Braunkohleabbaus wieder auf. So gibt es bei Leipzig die größte Landschaftsbaustelle aller Zeiten, wo auf den trostlosen Brachen der Tagebaue *Neuseenland* entstehen wird, eine renaturierte Landschaft mit dreizehn Seen auf 600 Quadratkilometern.

Das alles soll nicht heißen, in Sachsen wäre nicht auch heftig betoniert und asphaltiert worden und der Freistaat wäre nun realiter mit einem Schlag in Leibniz´ bester aller Welten angekommen. Aber er hat Zukunft. Und die Chance, seine alten Tugenden mit weltoffener Modernität, Tradition mit Innovation zu paaren und damit ein neues Sachsen zu zeugen, das Bewährtes bewahrt, seine Kunst- und Naturschätze pflegt und sich mit Augenmaß und Enthusiasmus dem Neuen öffnet.

Wenn mich nicht alles täuscht, so ist Sachsen eben jetzt dabei, seine Identität wieder zu finden. Und sein Selbstbewusstsein auch, das hoffentlich immer eine Prise Selbstironie enthalten wird, getreu dem Spruch: *Mir Sachsen, mir sin helle, das wees de ganze Weld, und simmor ma ni helle, dann hammor uns verschdelld.*

Joachim Walther
Grünheide, im Mai 2008

**Schloss Weesenstein im Müglitztal**
**Weesenstein Palace in the Müglitz Valley**

straight into decline with his belligerent piping voice. The Saxons have been largely rehabilitated since then because of the decisive role they played in the peaceful revolution of 1989. For the Saxons the reestablishment of Saxony as a federal *Land* and Free State at the time of German unification in 1990 seemed like a reparation of history.

Things have been improving again since then: look now at the cities and towns that were half in ruins in 1989 – and not only at Dresden with its newly erected Church of Our Lady! Even the landscape breathes freely again after the years of organized neglect, the destruction of urban and rural structures that had developed over centuries, and the ecological disaster of uranium and brown coal mining. The largest landscape construction site of all times is now located near Leipzig, where Neuseenland, a re-naturalized landscape with thirteen lakes over 600 square kilometers, is being created on the desolate wastelands of surface mining.

That does not mean that a great deal of concrete and asphalt has not been spread over Saxony or that the Free State has all of a sudden arrived in Leibniz's best possible world. But it has a future and the chance to pair its old virtues with cosmopolitan modernity and its traditions with innovation, thus creating a new Saxony that preserves the time-tested, takes care of its artistic and natural treasures, and opens itself to the new with good judgment and enthusiasm.

If I am not completely mistaken, Saxony is now in the act of finding its identity again. And its self-confidence as well, which will hopefully always include a pinch of self-irony, true to the saying: *Mir Sachsen, mir sin helle, das wees de ganze Weld, und simmor ma ni helle, dann hammor uns verschdelld* (We Saxons, we are smart, as the whole world knows, and if once we aren't smart, then we have been pretending).

Joachim Walther
Grünheide, May 2008

Blick elbabwärts von Pillnitz Richtung Dresden

The Elbe, view downstream from Pillnitz toward Dresden's center

Dresden

Dresden

Dresden,
Kuppel der Frauenkirche
Dresden, dome of the
Church of Our Lady

Dresden, Zwinger
Dresden, the Zwinger

Schloss und
Park Pillnitz
Pillnitz Palace
and park

Schloss Moritzburg
Moritzburg Palace

Meißen

Meissen

Freiberg mit dem Dom in der Mitte

Freiberg with the cathedral in the center

Landschaft bei Liebstadt im Erzgebirge

Landscape near Liebstadt in the Ore Mountains

Landschaft im Osterzgebirge
Countryside in the eastern Ore Mountains

Schloss Augustusburg

Augustusburg Palace

Chemnitz
Chemnitz

Chemnitz
Chemnitz

Chemnitz, Neumarkt mit dem Rathaus und der Jakobikirche
Chemnitz, Neumarkt with City Hall and St. Jacob's Church

Zwickau, Stadtzentrum mit dem Dom St. Marien

Zwickau, city center with St. Mary's Cathedral

Zwickau

Zwickau

Schloss Hinterglauchau in Glauchau

Hinterglauchau Palace in Glauchau

Auerbach im Vogtland
Auerbach in Vogtland

Marienberg im Erzgebirge
Marienberg in the Ore Mountains

Pöhlberg bei Annaberg-Buchholz
Pöhlberg near Annaberg-Buchholz

Frauenstein im Erzgebirge

Frauenstein in the Ore Mountains

Auersberg im Westerzgebirge
Auersberg in the western Ore Mountains

Fichtelberg
Fichtelberg

Carlsfeld mit der gleichnamigen Talsperre im Hintergrund
Carlsfeld with the Carlsfeld Dam in the background

Erzgebirge und Stadtrand von Klingenthal
The Ore Mountains and the outskirts of Klingenthal

Landschaft am See der Talsperre Eibenstock

Lake landscape at Eibenstock Dam

Markneukirchen
Markneukirchen

Plauen
Plauen

Talsperre Pöhl, im Vordergrund die Autobahnbrücke
Pöhl Dam with the autobahn bridge in the foreground

Schneeberg, Rekultivierung ehemaliger Abraumhalden des Uran-Bergbaus
Schneeberg, re-naturalization of former waste dumps from uranium mining

Ehemalige Urangrube in Alberoda bei Aue
Former uranium mine in Alberoda near Aue

Wildenfels bei Zwickau
Wildenfels near Zwickau

Hartenstein mit der Burg Stein an der Zwickauer Mulde
Hartenstein with Stein Castle on the river Zwickauer Mulde

Rochsburg im Tal der Zwickauer Mulde unweit Penig
Rochsburg, close to Penig in the valley of the Zwickauer Mulde

Wechselburg an der Zwickauer Mulde
Wechselburg on the Zwickauer Mulde

Rochlitz an der Zwickauer Mulde, im Vordergrund das Schloss
Rochlitz on the Zwickauer Mulde, with the palace in the foreground

Geithain
Geithain

Colditz an der Zwickauer Mulde, über der Stadt thronend das Schloss
Colditz on the Zwickauer Mulde, with the palace enthroned above the town

Mittweida
Mittweida

Waldheim an der Zschopau
Waldheim on the Zschopau River

Nossen
Nossen

Döbeln an der Freiberger Mulde
Döbeln on the river Freiberger Mulde

Leisnig an der Freiberger Mulde
Leisnig on the Freiberger Mulde

Zschadraß an der Freiberger Mulde, im Vordergrund Schloss Podelwitz
Zschadrass on the Freiberger Mulde with Podelwitz Palace in the foreground

Braunkohlentagebau nahe Böhlen, Grube Peres
Brown coal surface mining near Böhlen, Peres Mine

Aufgelassene, sich mit Grundwasser zu einem See entwickelnde Braunkohlengrube bei Störmthal südlich Leipzig
Abandoned brown coal mine near Störmthal south of Leipzig, transformation into a lake using ground water

Blick auf die Innenstadt von Leipzig

View of the Leipzig city center

Leipzig, Zentrum mit dem Augustusplatz im Vordergrund

Leipzig, city center with Augustus Square in the foreground

Leipzig, Völkerschlachtdenkmal

Leipzig, monument to the "Battle of the Nations" in 1813

Leipzig, Rennbahn Scheibenholz

Leipzig, Scheibenholz Racetrack

Leipzig, im Vordergrund der Stadtteil Plagwitz
Leipzig, Plagwitz district in the foreground

Leipzig, Kleingartenanlage im Süden der Stadt
Leipzig, allotment gardens on the south side of the city

Leipzig, Rundling im Stadtteil Lößnig
Leipzig, radial housing development in the Lössnig district

Torgau an der Elbe

Torgau on the Elbe River

Blick über Schloss und Park Muskau Richtung Polen
View over Muskau Palace and park, toward Poland

Hoyerswerda
Hoyerswerda

Weißwasser

Weisswasser

Braunkohlentagebau
Nochten südlich
Weißwasser
Nochten brown coal
surface mine south of
Weisswasser

Mit Grund- und Spreewasser gefluteter ehemaliger Tagebau im Lausitzer Seenland

Former surface mine, now flooded with ground water and Spree River water, in the Lusatia Lake District

Landeskrone bei Görlitz
Landeskrone Mountain near Görlitz

Kraftwerk Boxberg in der Niederlausitz
Boxberg power station in Lower Lusatia

Görlitz, Blick auf das Stadtzentrum
mit der Pfarrkirche St. Peter und Paul
Görlitz, view of the city center
with the parish church St. Peter and Paul

Bautzen, Altstadt

Bautzen, Old Town

Deutschbaselitz nahe Kamenz
Deutschbaselitz close to Kamenz

Landschaft bei Kamenz
Countryside near Kamenz

Kamenz
Kamenz

Herrnhut
Herrnhut

Löbau in der Oberlausitz

Löbau in Upper Lusatia

Zittau, im Hintergrund der Olbersdorfer See
und das Zittauer Gebirge
Zittau, with Olbersdorf lake
and the Zittau Mountains in the background

Oybin im Zittauer Gebirge

Oybin in the Zittau Mountains

Schirgiswalde im Oberlausitzer Bergland

Schirgiswalde in the Upper Lusatian Mountains

Sohland an der Spree

Sohland on the Spree River

Neukirch, im Hintergrund das Lausitzer Bergland

Neukirch with the Lusatian Mountains in the background

Stolpen, im Vordergrund die Burg

Stolpen with the castle in the foreground

Pirna
Pirna

Sächsische Schweiz, Brandaussicht und Polenztal, dahinter die Elbe und die Bastei

Saxon Switzerland, Brand Overlook and the Polenz Valley, with the Elbe and the Bastei in the middle ground

Sächsische Schweiz, Gamrich und Amselgrund nahe der Bastei
Saxon Switzerland, Gamrich and Amselgrund near the Bastei

Sächsische Schweiz, Festung und Stadt Hohnstein
Saxon Switzerland, Hohnstein Fortress and town

Blick über die Sächsische Schweiz

View over Saxon Switzerland

**Jochen Knobloch**, geboren 1941 in Dresden, ist seit 1966 als freier Fotograf tätig, zuerst in Leipzig und Berlin, nach seiner Übersiedlung in die Bundesrepublik in Hamburg. Neben Reportagen, Architektur- und Industrieaufnahmen gehört das Luftbild zu den Schwerpunkten seiner Arbeit. Er ist Autor mehrerer Bildbände, darunter im Hinstorff Verlag IM FLUG ÜBER DIE DEUTSCHE OSTSEEKÜSTE (2005), IM FLUG ÜBER DIE DEUTSCHE NORDSEEKÜSTE, SPREEWALD (beide 2006), IM FLUG ÜBER HAMBURG sowie IM FLUG ÜBER DRESDEN (beide 2007) und zuletzt IM FLUG ÜBER BREMEN (2008).

**Joachim Walther**, geboren 1943 in Chemnitz, arbeitet seit 1983 als freiberuflicher Autor. Er veröffentlichte zahlreiche Bücher, darunter ICH BIN NUN MAL KEIN YOGI (1975), BEWERBUNG BEI HOFE (1982), VERLASSENES UFER (1994) und im Auftrag der Gauck-Behörde die Untersuchung SICHERUNGSBEREICH LITERATUR – SCHRIFTSTELLER UND STAATSSICHERHEIT IN DER DEUTSCHEN DEMOKRATISCHEN REPUBLIK (1996). Seit 2005 gibt er zusammen mit Ines Geipel in der Büchergilde Gutenberg die auf 20 Bände angelegte VERSCHWIEGENE BIBLIOTHEK heraus. 2003 erschien bei Hinstorff der Band LANDSCHAFTEN IN MECKLENBURG-VORPOMMERN (zusammen mit Thomas Grundner), 2005 IM FLUG ÜBER DIE DEUTSCHE OSTSEEKÜSTE (zusammen mit Jochen Knobloch).

**Margaret Will**, geboren 1951 in Washington, D.C., lebt seit 1995 in Dresden. Sie ist als freie Übersetzerin tätig und hat schon mehrere Bücher des Hinstorff Verlages ins Englische übertragen. Zu ihren Fachgebieten zählen u.a. Denkmalpflege, Architektur- und Kunstgeschichte.

| | |
|---|---|
| Titelbild | Festung Königstein<br>Königstein Fortress |
| Rücktitel | Leipzig, Zentrum<br>Leipzig, center |
| Seite 1 | Landschaft im Muldetal bei Döbeln<br>Landscape in the Mulde Valley near Döbeln |
| Seite 2/3 | Blick über den Fichtelberg Richtung Tschechien<br>View over Fichtelberg toward the Czech Republic |
| Seite 4 | Karte Sachsen<br>Map of Saxony |

Bibliographische Information Der Deutschen Bibliothek:
Die Deutsche Bibliothek verzeichnet diese Publikation in der Deutschen Nationalbibliographie; detaillierte bibliographische Daten sind im Internet über http//dnb.ddb.de abrufbar.

Alle Rechte vorbehalten. Reproduktionen, Speicherungen in Datenverarbeitungsanlagen, Wiedergabe auf fotomechanischen, elektronischen oder ähnlichen Wegen, Vortrag und Funk – auch auszugsweise – nur mit Genehmigung des Verlages.

© Hinstorff Verlag GmbH, Rostock 2008
Lagerstraße 7, 18055 Rostock
Tel. 0381/4969-0
Internet: http://www.hinstorff.de

1. Auflage 2008

Herstellung: Hinstorff Verlag GmbH
Lektorat: Thomas Gallien
Karte: Stefan Jarmer
Druck und Bindung: Neumann & Nürnberger, Leipzig
Printed in Germany
ISBN 978-3-356-01271-2

## *Ultraviolette* straling

We hebben in onze huid een pigment dat melanine heet en dat ons beschermt tegen de ultraviolette straling van de zon. In noordelijke gebieden hebben onze prehistorische voorouders een blanke huid gekregen om zoveel mogelijk van het weinige zonlicht op te kunnen nemen, wat belangrijk is voor de aanmaak van vitamine D.
In door fel zonlicht beschenen streken heeft de mens daarentegen een donkere huid ontwikkeld om juist beschermd te zijn tegen ultraviolette straling.

## Laagje *melanine*

Niet alleen onze huid, maar ook onze haren worden door melanine gekleurd. Hoe meer van dit pigment, hoe donkerder we van huid en haar zijn. Er bevindt zich zelfs een laagje melanine onder het netvlies om verstrooiing van het licht in het oog te voorkomen. Ook bij dieren worden donkere kleuren en zwart teweeggebracht door melanine. Helemaal zwarte diersoorten zijn er overigens niet veel. De meeste hebben een zwart-witte tekening, zoals pinguïns en panda's.

## Donker oerwezen

Wit en zwart zijn tegenpolen. Iedereen heeft wel zijn goede kanten, maar ook een duistere kant. Van die donkere kant willen we niet veel weten. Bewust of onbewust verdringen we hem. Het liefst dichten we anderen onze eigen slechte eigenschappen toe. Dit is een belangrijke oorzaak van discriminatie. Sommigen van ons zien in zwarte mensen de belichaming van het 'donkere oerwezen'. Blanken schrijven dan de gekleurde mens de slechte eigenschappen en primitieve driften toe die zij in zichzelf niet wensen te erkennen.

## Yin-Yang

Het Yin-Yangsymbool is tot ver buiten China bekend geworden. Yang is wit, Yin zwart. Ze hebben dezelfde betekenis als die welke in het Westen gehecht wordt aan de tegenstelling licht-donker. Yang staat voor het lichte, het mannelijke, de scheppende kracht. Het wordt in verband gebracht met de hemel. Yin is het donkere, het vrouwelijke, het ontvangende element, dat geassocieerd wordt met de aarde. Yang is dus actief, Yin passief. In het Yin-Yangsymbool is Yang als kern aanwezig in Yin. Omgekeerd is Yin de kern van Yang. Gezamenlijk en onlosmakelijk met elkaar verbonden stellen ze de eenheid van de schepping voor. Maar ook de elkaar aanvullende eigenschappen van tegenstellingen. Het een kan niet zonder het ander. Het een ligt altijd in het ander besloten.

## Alledaagse werkelijkheid

Zwart is aards en passief. In het kaartspel vertegenwoordigen de klaveren het element aarde. Ze staan voor de nuchtere alledaagse werkelijkheid. De schoppen staan door hun agressieve vorm en hun zwarte kleur in verband met de dood. De zwarte kaarten zijn de tegenpolen van de rode, die leven en liefde voorstellen. De gewone speelkaarten ontstonden overigens uit het heel oude Tarotkaartspel. Het aantal kaarten werd teruggebracht tot 32 en er ontstonden harten, klaveren, ruiten en schoppen.

## Vette kohl

Onze verre voorouders vervaardigden zwarte kleurstoffen uit roet, aarde en klei. Deze behoren dus tot de allereerste pigmenten waarover de mens beschikte. Vooral roet was een voor iedereen gemakkelijk te verkrijgen middel. Men beschilderde zichzelf en de omgeving ermee. In Egypte omlijnden zowel vrouwen als mannen hun ogen met vette zwarte kohl. Dit accentueerde de ogen niet alleen, maar voorkwam bovendien dat er zweet inliep. De kohl werd namenlijk voor gebruik vermengd met dierlijk vet of plantaardige olie. Tegenwoordig is oogmake-up niet minder algemeen dan toen, maar het wordt slechts gebruikt om de ogen omfloerst en mysterieus te maken en om de kleur van de iris te versterken. Nog altijd vormen aardpigmenten en roet ingrediënten voor soorten mascara en oogpotloden.

## Zwarte veren

Melanine is in de dierenwereld het meest voorkomende pigment. In lichte concentratie brengt het bruin en geel teweeg, maar zwart wanneer het sterk geconcentreerd is. Dit is onder andere bij kraaien en merels het geval. Zwarte veren hebben overigens een heel speciale functie: de dichtheid van de pigmentkorrels maakt ze slijtagebestendig. Veel vogels hebben donkere tot zwarte slagpennen omdat juist deze veren het snelst slijten. Zelfs witte vogels als ooievaars en meeuwen hebben zwarte vleugeltoppen. Geen versiering dus, maar noodzakelijk kleurgebruik.

## *Stinkende* vloeistof

Om zwart-witte zoogdieren kan men maar beter met een grote boog heen lopen. Vooral wanneer het om marterachtigen gaat, zoals het stinkdier. Met deze kleuren waarschuwt het stinkdier ons. Niet alleen ons, maar ook alle andere wezens die het op hem gemunt hebben. Wordt de waarschuwing in de wind geslagen, dan spuit het stinkdier een afschuwelijk ruikende vloeistof naar zijn belager. Het beest vertrouwt volledig op dit wapen, want hij is voor niets of niemand bang.

## Ogen doorgestreept

Bij de das is het de koptekening die zwart-wit is. Deze heeft de vorm van een soort oogstreep. Roofdieren richten hun aanval bij voorkeur op de kop. Die vormt bij dieren immers het meest kwetsbare deel. Door zo'n streep dwars over de kop vallen de voor elke kop kenmerkende ogen weg. De kop lijkt uit twee gescheiden helften te bestaan, hetgeen voor aanvallers uitermate verwarrend werkt.

## *Gewaarschuwde leeuw*

Dienen de strepen van zebra's als camouflage? 'Snijden' ze het zebralijf in reepjes, zodat de leeuw geen hele zebra meer ziet? Werkt het drukke zwart-witpatroon verwarrend op roofdieren? Zien roofdieren in een groep zebra's door de bomen het bos niet meer? Is het strepenpatroon een soort uniform, en onderstreept het het saamhorigheidsgevoel? Is het een 'streepjescode' waaraan de dieren elkaar herkennen? Of hebben de strepen dezelfde functie als die van de wesp? Deze laatste geeft ermee aan dat hij venijnig kan steken. Zebra's hebben weliswaar geen angel, maar wel degelijk heel sterke poten en scherpe hoeven. Een gewaarschuwde leeuw telt voor twee!

### Desmond Morris

Veel vragen over de functie en betekenis van kleur zijn nog altijd onbeantwoord of zullen misschien zelfs wel onbeantwoord blijven. Zoals de beroemde vraag waarom zebra's strepen hebben. Zelfs de befaamde kenner van het gedrag van dieren en mensen, Desmond Morris, brak zich er het hoofd over. Volgens hem zijn op de vraag verschillende antwoorden te geven die allemaal een gedeelte van de waarheid bevatten. Het helemaal goede antwoord kennen we nog lang niet.